ALPHABET PHRASÉOLOGIQUE.

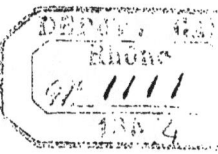

Séries d'exercices élémentaires

POUR ARRIVER A LA LECTURE COURANTE.

janv. 1854 (mais registre 1853)
Ver G 18/03/1998

— 1 —

E-x-e-r-c-i-c-e-s é-l-é-m-en-t-ai-r-e-s.

P-R-E-M-I-E-R-E S-É-R-I-E.

E-l-é-m-en-ts p-a-r un s-i-gn-e.
a-b-c-d-e-f-g-h-i-j-k-l-m-n-o-p-q-r-s-t-u-v-x-y-z.

E-l-é-m-en-ts à p-l-u-s-i-eu-r-s s-i-gn-e-s.
ai-ain-am-an-au-ay-ç-ch-è-ei-em-en-er-es-et-eu-ez-gn-gu-im-in-oi-om-on-ou-oy-ph-qu-um-un-ym-yn.
bb-cc-dd-ff-gg-ll-mm-nn-pp-rr-ss-tt.

E-l-é-m-en-*ts* v-a-r-i-a-b-l-e-*s*.

c	e sourd	en	er	g	i-ll	s	t
ou	ou	ou	ou	ou	ou	ou	ou
c {e,i,y}	e fort.	en après i	e-r	g {e,i,y}	ill mouillé	{a,e,i,o,u,y} s {a,e,i,o,u,y}	t devant i

R-é-s-u-m-é : a-ai-ain-am-an-au-ay-b-c ou c {e,i,y} ç-ch-d-e ou e-é-ei-em-en ou en-er ou e-r-es-et-eu-ez-f-g ou g {e,i,y} gn-gu-h-i-i-ll ou ill-im-in-j-k-l-m-n-o-oi-om-on-ou-oy-p-ph-q-qu-r-s ou s-t- ou t-u-um-un-v-x-y-ym-yn-z.

A B C D E F G H I J K L M N O P Q R S T U V X Y Z.

1 L-es Ch-e-v-eu-*x* p-r-o-t-è-g-e-*nt* l-e c-r-â-n-e. 2 L-e C-r-â-n-e c-on-t-i-en-*t* l-a c-er-v-e-ll-e. 3 L-a C-e-r-v-e-ll-e s-e-r-*t* à p-en-s-er. 4 L-es Y-eu-*x* s-on-*t* p-r-o-t-é-g-é-*s* p-a-r l-es P-au-p-i-è-r-e-*s* et l-es C-i-l-*s*. 5 L'OE-il v-oi-*t*. 6 L'œ-il es-*t* n-e-tt-oy-é p-a-r l-es L-a-r-m-e-*s*. 7 L-e N-ez s-en-*t*. 8 L'O-r-e-ill-e en-t-en-*d*. 9 L-es D-en-*ts* d-é-ch-i-r-e-*nt* et m-â-ch-e- -*nt*. 10 L-a L-an-gu-e p-a-r-l-e. 11 L-a V-oi-*x* s-e f-o-r-m-e d-an-*s* l-e G-o-s-i-er. 12 L-e C-ou s-u-pp-o-r-t-e l-a T-ê-t-e. 13 Qu-e v-o-*s* ch-e-v-eu-*x* s-oi-e-*nt*

p-r-o-p-r-e-s. **14 P**-ei-gn-ez-v-ou-s s-ou-v-en-*t*. **15** N-e p-o-r-t-ez j-a-m-ai-s l-es d-oi-*gts* à l-a t-ê-t-e. **16 L**-a-v-ez-v-ou-s l-e v-i-s-a-g-e t-ou-s l-es j-ou-r-s. **17 T**-e-n-ez v-o-s d-en-*ts* p-r-o-p-r-e-s. **18** N-e-tt-oy-ez-v-ou-s l-e n-ez a-v-e-c un m-ou-ch-oi-r. **19** N-e m-e-tt-ez j-a-m-ai-s l-es d-oi-*gts* d-an-s l-e n-ez. **20** N-e-tt-oy-ez l'in-t-é-r-i-eu-r d-e l'o-r-e-ill-e a-v-e-c un c-u-r-e-o-r-e-ill-e-s. **21** N-e m-e-tt-ez j-a-m-ai-s l'on-g-l-e d-an-s l'o-r-e-ill-e. **22** N-e t-i-r-ez j-a-m-ai-s l-a l-an-gu-e. **23 R**-e-t-e-n-ez-v-ou-s d-e t-ou-ss-er. 24 N-e p-a-r-l-ez n-i d-u n-ez n-i d-es d-en-*ts*. 25 L-es B-r-a-*s* em-b-r-a-ss-e-*nt*. 26 L-es M-ain-*s* s-ai-s-i-ss-e-*nt*. 27 L-es D-oi-*gts* p-a-l-p-e-*nt*. 28 L-es On-g-l-e-*s* p-r-o-t-è-g-e-*nt* l-e b-ou-*t* d-es d-oi-*gts*. 29 N-e r-e-s-t-ez p-a-*s* l-es b-r-a-*s* n-u-*s*. 30 Ay-ez t-ou-j-ou-r-*s* l-es m-ain-*s* p-r-o-p-r-e-*s*. 31 T-e-n-ez v-o-*s* on-g-l-e-*s* c-ou-r-*ts*. 32 N-e v-ou-*s* r-on-g-ez p-a-*s* l-es on-g-l-e-*s*, c-ou-p-ez-l-es a-v-e-c d-es c-i-s-e-au-*x*. 33 N-e p-o-r-t-ez j-a-m-ai-*s* l-a m-ain au v-i-s-a-g-e. 34 L-a P-oi-t-r-i-n-e c-on-t-i-en-*t* l-es P-ou-m-on-*s*, l'E-s-t-o-m-a-*c*, l-e C-œu-r, l-e F-oi-e. 35 L-es C-ô-t-e-*s* p-r-o-t-è-g-e-*nt* l-a p-oi-t-r-i-n-e. 36 L-es p-ou-m-on-*s* r-e-s-p-i-r-e-*nt*. 37 L-a R-e-s-p-i-r-a-t-i-on r-ou-g-i-*t* l-e S-an-*g*. 38 L'E-s-t-o-m-a-*c* d-i-g-è-r-e l-es A-l-i-m-en-*ts*. 39 L-e c-œu-r a-s-p-i-r-e et r-e-f-ou-l-e l-e s-an-*g*. 40 L-e V-en-t-r-e c-on-t-i-en-*t* l-es In-t-e-s-t-in-*s*. 41 L-es in-t-e-s-t-in-*s* t-r-i-e-*nt* l-es a-l-i-m-en-*ts*, f-o-r-m-e-*nt* l-e Ch-y-l-e, é-l-a-b-o-r-e-*nt* l-e s-an-*g*. 42 L-e Ch-y-l-e, d-es in-t-e-s-t-in-*s* p-a-ss-e d-an-*s* l-e s-an-*g*. 43 L-e s-an-*g* c-ou-l-e d-an-*s* l-es V-ei-n-e-*s* et c-i-r-c-u-l-e d-an-*s* l-es A-r-t-è-r-e-*s*. 44 Le s-an-*g* s-e r-é-p-an-*d* d-an-*s* t-ou-*t* le C-o-r-*ps* et l'a-l-i-m-en-t-e. 45 Il a-l-i-m-en-t-e l-es O-*s*, l-es M-u-s-c-l-e-*s*, l-es T-en-d-on-*s*, l-es V-i-sc-è-r-e-*s*, l-es G-l-an-d-e-*s*, l-es V-ai-ss-e-au-*x*, l-es N-e-r-*fs*, etc. 46 L-es o-s f-o-r-m-e-*nt* l-a Ch-a-r-p-en-t-e d-u c-o-r-*ps*. 47 L-es m-u-s-c-l-e-*s* s-e-r-v-e-*nt* d-e l-e-v-i-er-s et d-e m-ou-f-l-e-*s*. 48 L-es t-en-d-on-*s* a-tt-a-ch-e-*nt* l-es m-u-s-c-l-e-*s* au-*x* o-*s*. 49 On a-pp-e-ll-e v-i-sc-è-r-e-*s* l-e c-œu-r, l-e f-oi-e, l-es p-ou-m-on-*s*, l-es in-t-e-s-t-in-*s* ou b-oy-au-*x*. 50 L-es G-l-an-d-e-*s* s-é-c-r-è-t-e-*nt* l-es H-u-m-eu-r-*s*. 51 L-es v-ai-ss-e-au-*x* d-o-nn-e-*nt* p-a-ss-a-g-e au-*x* h-u-m-eu-r-*s*. 52 L-es n-e-r-*fs* p-o-r-t-e-*nt* l-a s-en-s-i-b-i-l-i-t-é d-an-*s* t-ou-*t* l-e c-o-r-*ps*. 53 P-ou-r r-es-p-i-r-er à l'ai-s-e, ay-ez l-a p-oi-t-r-in-e l-i-b-r-e. 54 N-e v-ou-*s* c-om-p-r-i-m-ez p-a-*s* n-on p-l-u-*s* l'-es-t-o-m-a-*c*. 55 Qu-e v-o-*s* v-ê-t-e-m-en-*ts* n'ai-e-*nt* r-i-en d-e t-r-o-*p* é-t-r-oi-*t*. 56 En g-é-n-é-r-a-l n-e v-ou-*s* s-e-rr-ez au-c-u-n-e p-a-r-t-i-e d-u c-o-r-*ps*. 57 **D**-é-b-a-rr-a-ss-ez-v-ou-*s* l-e v-en-t'-r-e s-i-t-ô-*t* l-e b-e-s-o-in. 58 **L**-es **C**-u-i-ss-e-*s*, l-es **J**-am-b-e-*s* et l-es **P**-i-e-*ds* s-u-pp-o-r-t-e-*nt* l-e c-o-r-*ps* et s-e-r-v-e-*nt* à m-a-r-ch-er. 59 **N**-e c-r-ai-gn-ez p-a-*s* l-a m-a-r-ch-e en p-l-e-in ai-r. 60 **P**-r-é-f-é-r-ez l-es r-é-c-r-é-a-t-i-on-*s* d-e m-ou-v-em-en-*t* à c-e-ll-e-*s* d-e s-t-a-t-i-on. 61 **L**-e c-o-r-*ps* es-*t* o-r-g-a-n-i-s-é p-ou-r l-e m-ou-v-em-en-*t* et l'a-c-t-i-v-i-t-é. 62 **T**-e-n-ez v-o-*s* m-em-b-r-e-*s* d-an-*s* l-eu-r-*s* p-o-s-i-t-i-on-*s* n-a-t-u-r-e-ll-e-*s*. 63 **N**-e c-r-ai-gn-ez p-a-s d'ê-t-r-e d-e-b-ou-*t*, c'es-*t* u-n-e p-o-s-i-t-i-on n-a-t-u-r-e-ll-e. **64** En a-g-i-ss-an-*t*, l-e c-o-r-*ps* s-e c-ou-v-r-e d-e s-u-eu-r et de m-a-l-p-r-o-p-r-e-t-é. **65** B-ai-gn-ez-v-ou-*s* ou n-é-t-oy-ez-v-ou-*s* t-ou-*t* l-e c-o-r-*ps* d-e t-em-*ps* en t-em-*ps*. **66** L-a p-r-o-p-r-e-t-é c'es-*t* l-a s-an-té. **67** Ch-an-g-ez d-e l-in-g-e l-e p-l-u-*s* s-ou-v-en-*t* p-o-ss-i-b-l-e. **68** N-e s-ou-ff-r-ez au-c-u-n-e im-p-u-r-e-t-é s-u-r v-o-t-r-e c-o-r-*ps*. **69** L-a-v-ez-v-ou-*s* s-ou-v-en-*t* l-es p-i-e-*ds*. **70** Ay-ez d-es b-a-*s* s'i-l es-*t* p-o-ss-i-b-l-e et ch-an-g-ez-l-es s-ou-v-en-*t*.

D-EU-X-I-È-M-E S-É-R-I-E.

1 L'h-o-mm-e s-e p-r-o-t-è-g-e c-on-t-r-e l-es in-t-em-p-é-ri-es d-e l'ai-r et c-on-t-r-e l-es a-n-i-m-au*x* n-u-i-s-i-b-l-es p-a-r l-e **V**-ê-t-e-m-en*t* et l'**H**-a-b-i-t-a-t-i-on. 2 L-a **Ch**-e-m-i-s-e, l-e **C**-a-l-e-ç-on l-es **B**-as s-e m-e-tt-e*nt* s-u-r l-a p-e-au. 3 On c-ou-v-r-e l-a t-ê-t-e a-v-e-c un **B**-o-nn-et, u-n-e **C**-a-s-qu-e-tt-e ou un **Ch**-a-p-e-au. 4 L-e **G**-i-l-et r-e-c-ou-v-r-e l-a p-oi-t-r-i-n-e. 5 L-e **P**-an-t-a-l-on v-a d-e l'e-s-t-o-m-a*c* au*x* p-i-e*ds*. 6 L-es **S**-ou-l-i-ers p-r-é-s-e-r-v-e*nt* l-es p-i-e*ds*. 7 L-

es B·o-tt·es r·em-p-l·a-ce*nt* l·es s·ou·l·i-ers et m·on-t·e*nt* p·l·us h·au*t*. 8 L·a B·l·ou·s·e, l·a V·e·s·t·e, l·a R·e·d·in·g·o·t·e ou l'H·a·b·i*t* s·e m·e·tt·e*nt* p·a·r·d·e·ss·u*s* le g·i·l·et. 9 En h·i·v·e·r l·e M·an·t·e·au r·e·c·ou·v·r·e t·ou*s* l·es v·ê·t·e·m·en*ts*. 10 N·os v·ê·t·e·m·en*ts* s·ont f·ai*ts* a·v·e·c l·e Ch·an·v·r·e, l·e C·o·t·on, l·e L·in, l·a L·ai·n·e, l·a S·oi·e. 11 On y f·ai*t* en·t·r·er au·ss·i l·a P·e·au, l·e C·u·i·r, l·e B·ois, l·es M·é·t·au*x*. 12 L·e ch·an·v·r·e et l·e l·in s·on*t* t·i·r·és d·e l'é·c·o·r·ce d·e d·eu*x* p·l·an·t·es c·u·l·t·i-v-é-es en F-r-an-c-e. **13** L-e c-o-t-on es*t* l-e d-u-v-et bu-i en-v-e-l-o-pp-e l-e-s g-r-ai-n-es d-u C-o-t-o-nn-i-er. **14** L-e c-o-t-o-nn-i-er es*t* un a-r-b-r-e d-es p-ay*s* ch-au*ds*. **14** *bis* L-a l-ai-n-e es*t* l-a t-oi-s-on d-es m-ou-t-on*s*. **15** La s-oi-e es*t* l-e c-o-c-on d'u-n-e ch-e-n-i-ll-e. **16** L-e T-a-ill-eu-r et l-a T-a-ill-eu-s-e d-é-c-ou-p-e*nt* et c-ou-s-e*nt* l-es v-ê-t-e-m-en*ts*. **17** On s-e ch-au-ss-e a-v-e-c d-es S-a-b-o*ts*, d-es G-a-l-o-che*s*, d-es S-ou-l-i-er*s* ou d-es B-o-tt-e*s*. **18** L-es s-a-b-o*ts* s-on*t* d-e b-ois et s-e m-e-tt-e*nt* a-v-e-c d-es ch-au-ss-ons d-e l-ai-n-e. 19 L-es g-a-l-o-ch-es ont l-a s-e-m-e-ll-e en b-ois et l'em-p-è-gn-e en C-u-i-r. 20 L-es s-ou-l-i-ers et l-es b-o-tt-es s-ont d-e c-u-i-r. 21 L-e b-ois est l-a p-a-r-t-i-e d-u-r-e d-es a-r-b-r-es. 22 L-e c-u-i-r est l-a p-e-au t-a-nn-é-e et c-o-rr-oy-é-e d-u B-œu-f, d-e l-a V-a-ch-e, d-u V-e-au, et d'au-t-r-es a-n-i-m-aux. 23 P-ou-r t-a-nn-er l-es p-e-aux on l-es en-v-e-l-o-pp-e d-e T-an ou é-c-o-r-c-e d-e ch-ê-n-e. 24 C'est le C-o-r-d-o-nn-i-er qu-i f-ait n-os s-ou-l-i-ers. 25 L-es B-ou-t-ons et d-i-v-e-r-s-es p-a-r-t-i-es d-e n-o-s v-ê-t-e-m-en*ts* s-on*t* d'o-s, d-e b-ois, de v-e-rr-e, d-e f-e-r, d-e c-u-i-v-r-e, etc. 26 L-es o*s* d-es a-n-i-m-au*x* s-e-r-v-en*t* à f-ai-r-e u-n-e in-f-i-n-i-t-é d-e ch-o-s-e*s*. 27 L'I-v-o-i-r-e es*t* l'o*s* d-es g-r-an-d-es d-en*ts* d-e l'E-l-é-ph-an*t*. 28 L-es d-en*ts* d'H-i-pp-o-p-o-t-a-m-e d-o-nn-en*t* au-ss-i d-u b-e-l i-v-oi-r-e. 29 L-e b-ois s-e t-ou-r-n-e, s-e s-c-u-l-p-t-e en u-n-e in-f-i-n-i-t-é d-e p-e-t-i*ts* o-r-n-e-m-en*ts*. 30 L-e v-e-rr-e s-e f-ai*t* en f-on-d-an*t* d-u s-a-b-l-e. 31 L-e f-e-r s-e t-i-r-e d-e l-a t-e-rr-e en p-e-t-i*ts* m-o-r-c-e-au*x*. **32** Qu-an*d* i-l a é-t-é f-on-d-u et p-u-r-i-f-i-é on l-e t-r-a-v-a-ill-e d-e m-i-ll-e m-a-n-i-è-r-e*s*. **33** L-e f-e-r l-e m-o-in*s* p-u-r s-e n-o-mm-e f-on-t-e. **34** L-a f-on-t-e c-on-t-i-en*t* d-u ch-a-r-b-on et es*t* c-a-ss-an-t-e. **35** L-es m-a-r-m-i-t-es et u-n-e f-ou-l-e d'u-s-t-en-s-i-l-e*s* s-on*t* en f-on-t-e. **36** L-e f-e-r l-e p-l-u*s* p-r-é-c-i-eu*x* es*t* l'A-c-i-er. **37** L'a-c-i-er c-on-t-i-en*t* un p-eu d-e ch-a-r-b-on. **38** L-e c-ou-t-e-l-i-er et l'a-r-m-u-r-i-er s-e s-e-r-v-en*t* b-e-au-c-ou*p* d'a-c-i-er. **39** L'a-c-i-er t-r-em-p-é p-r-en*d* d-u r-e-ss-o-r*t* et d-e-v-i-en*t* t-r-ès d-u-r. 40 L-e c-u-i-v-r-e es*t* un m-é-t-a-l r-ou-g-e c-o-mm-e l-es d-é-c-i-m-e*s*. 41 M-é-l-an-g-é a-v-e-c d-u Z-in-c i-l d-o-nn-e d-u l-ai-t-on ou c-u-i-v-r-e j-au-n-e. 42 L-e z-in-c es*t* au-ss-i un m-é-t-a-l d-on*t* on s-e s-er*t* s-ou-v-en*t*. 43 L'o-r et l'a-r-g-en*t* s-on*t* l-es p-l-us p-r-é-c-i-eu*x* d-es m-é-t-au*x*. 44 On en f-ai*t* d-es b-i-j-ou*x* et au-t-r-e*s* o-b-ej-t*s* d-e p-a-r-u-r-e. 45 On l-es t-r-ou-v-e d-ans l-a t-e-rr-e. 46 On l-es p-u-r-i-fi-e en l-es f-on-d-an*t* et on l-es a-lli-e p-ou-r l-es d-u-r-ç-i-r. **47** L-es p-i-è-c-es d'un f-r-an*c* s-on*t* en a-r-g-en*t*. **48** L-es p-i-è-c-es d-e v-in-*gt* f-r-an*cs* s-on*t* en o-r. **49** L-es p-i-e-rr-es p-ré-c-i-eu-s-e*s* s-e t-r-ou-v-e*nt* au-ss-i d-an-*s* l-a t-e-rr-e. **50** L-e d-i-a-m-an*t*, l-e r-u-b-i*s*, l-a t-o-p-a-z-e, l'é-m-é-r-au-d-e, l-a t-u-r-qu-oi-s-e, s-on*t* d-es p-i-e-rr-es p-r-é-c-i-eu-s-e*s*. **51** L'o-r l'a-r-g-en*t* et l-e f-e-r s-on*t* l-es p-l-u*s* i-n-o-ff-en-s-i-f*s* d-es m-é-t-au*x*. **52** Qu-e-l-qu-es m-é-t-au*x* en s-e r-ou-ill-an*t* f-o-r-m-e*nt* d-u p-oi-s-on. **53** N-e m-e-tt-ez j-a-m-ais d-u c-u-i-v-r-e ou d-u p-l-om*b* à v-o-tr-e b-ou-ch-e. 54 N-o*s* h-a-b-i-t-a-t-i-on*s* s-on*t* f-ai-t-es d-e b-ois, d-e t-e-rr-e, d-e p-i-e-rr-es et d-e m-i-n-é-r-au*x* d-i-v-e-r*s*. 55 L-a t-e-rr-e s-e p-i-s-e et d-e-v-i-en*t* d-u p-i-s-é. 56 L-a p-i-e-rr-e s-e m-a-ç-o-nn-e a-v-e-c d-u m-o-r-t-i-er. 57 L-e m-o-r-t-i-er es*t* d-u s-a-b-l-e, d-e l-a ch-au*x* et d-e l'e-au. 58 L-a ch-au*x* es*t* u-n-e p-i-e-rr-e c-a-l-c-ai-r-e qu-e l'on a f-ai*t* c-u-i-r-e. 59 L-a ch-au*x* s-e d-i-ss-ou*t* d-ans l'e-au. 60 L-a ch-au*x* b-r-û-l-e n'y t-ou-ch-ez p-a*s*. 61 L-e s-a-b-l-e

est u-n-e t-e-rr-e l-é-g-è-r-e f-o-r-m-é-e d-e p-e-t-i-*ts* g-r-a-v-i-ers t-r-è-*s* f-in*s*.
62 L-e m-a-ç-on b-â-t-i*t* l-es m-ai-s-on*s*.
63 L-e ch-a-r-p-en-t-i-er f-ai*t* l-es p-l-an-ch-er*s* et l-a ch-a-r-p-en-t-e d-e l-a t-oi-t-u-r-e. 64 L-e m-e-n-u-i-s-i-er f-ai*t* l-es p-o-r-t-e*s*, l-es c-r-oi-s-é-e*s* et l-es b-oi-s-e-r-i-e*s*. 65 L-e p-l-a-t-r-i-er f-ai*t* l-es s-é-p-a-r-a-t-i-on*s* in-t-é-r-i-eu-r-es. 66 L-e p-e-in-t-r-e p-e-in*t*, v-e-r-n-i*t*, b-a-d-i-g-e-o-nn-e, t-a-p-i-ss-e. 67 L-a m-ai-s-on es*t* r-e-c-ou-v-e-r-t-e d-e t-u-i-l-e*s*. 68 L-es t-u-i-l-e*s* s-on*t* en t-e-rr-e c-u-i-t-e ou

en a-r-d-oi-s-e. **69** L-e t-oi*t* es*t* p-en-ch-é p-ou-r f-ai-r-e é-c-ou-l-er l-es e-au*x* d-e l-a p-l-u-i-e. **70** L-e f-e-r-b-l-an-t-i-er f-ai*t* l-es ch-a-n-é-e*s* qu-i r-e-ç-oi-v-e*nt* l'e-au d-es t-oi*ts*. **71** I-l f-ai*t* au-ss-i l-es c-o-r-n-et*s* qu-i d-es-c-en-d-e*nt* l'e-au, et l-a g-i-r-ou-e-tt-e qu-i in-d-i-qu-e l-e v-en*t*. **72** L-a ch-a-r-p-en-t-e d-u t-oi*t* es*t* en b-ois d-e s-a-p-in ain-s-i qu-e l-es p-l-an-ch-er*s*. **73** L-es p-o-r-t-es et l-es c-r-oi-s-é-es s-on*t* en ch-ê-n-e. **74** L-es p-o-r-t-es s-on*t* p-ou-r en-t-r-er et s-o-r-t-i-r, l-es c-r-oi-s-é-es p-ou-r d-o-nn-er d-u j-ou-r. 75 L-es b-r-i-qu-e-t-a-g-es ou c-l-oi-s-ons s-on*t* en b-r-i-qu-es j-o-in-t-es et r-e-c-ou-v-e-r-t-es a-v-e-c d-u p-l-â-t-r-e. 76 L-e p-l-â-t-r-e es*t* u-n-e p-i-e-rr-e qu-e l'on c-u-*it* et m-et en p-ou-d-r-e. 77 C-e-tt-e p-ou-d-r-e m-ê-l-é-e a-v-e-c d-e l'e-au s-e d-u-r-c-*it*. 78 L-a p-i-e-rr-e à p-l-â-t-r-e s-e n-o-mm-e G-y-p-s-e. 79 L-es p-o-r-t-es et l-es c-r-oi-s-é-es s-on*t* f-e-rr-é-es p-a-r le s-e-rr-u-r-i-er. 80 L-e l-o-qu-et t-i-en*t* l-a p-o-r-t-e c-l-o-s-e l-e j-ou-r qu-an*d* on est à l-a m-ai-s-on. 81 L-a c-l-e*f* f-e-r-m-e l-a s-e-rr-u-r-e l-a n-u-i*t* et l-o-r-s-qu'on es*t* d-e-h-o-r*s*. 82 L-e v-e-rr-ou s-e m-et l-a n-u-i*t* p-ou-r é-v-i-t-er l-es s-u-r-p-r-i-s-e*s* d-es v-o-l-eu-r*s*. 83 L-es c-r-oi-s-é-e*s* s-on*t* g-a-r-n-i-es d-e v-i-t-r-es en v-e-rr-e b-l-an*c*. 84 L-es v-i-t-r-es g-a-r-an-t-i-ss-e*nt* d-e l'ai-r f-r-oi*d* et d-e l-a p-ou-ss-i-è-r-e t-ou*t* en l-ai-ss-an*t* p-a-ss-er l-a l-u-m-i-è-r-e. 85 L-es v-o-l-et*s* p-r-o-t-è-g-e*nt* l-es v-i-t-r-es et l-es c-r-oi-s-é-e*s* p-en-d-an*t* l-a n-u-i*t*. 86 L-e j-ou-r i-l*s* p-r-é-s-e-r-v-e*nt* d-es r-ay-on*s* a-r-d-en*ts* d-u s-o-l-e-il. 87 L-es v-o-l-ets s-on*t* o-r-d-i-n-ai-r-e-m-en*t* en s-a-p-in b-i-en d-ou-b-l-é et b-i-en c-l-ou-é. 88 L-o-r-s-qu'on s-o-r-*t* p-ou-r l-on*g*-t-em*ps* on f-e-r-m-e b-i-en l-es v-o-l-et*s*. 89 D-an*s* l-a ch-am-b-r-e à c-ou-ch-er i-l y a l-e L-i*t*, l-a C-o-mm-o-d-e, L-e G-a-r-d-e-h-a-b-i*t*, l-a G-l-a-c-e, l-es Ch-ai-s-e*s*. 90 L-e l-i*t* es*t* p-ou-r le s-o-mm-e-il, p-ou-r l-e r-e-p-o*s*, p-ou-r l-a m-a-l-a-d-i-e. 91 L-e b-*ois* d-e l-i*t* es*t* en n-oy-er. 92 Au f-on*d* d-u l-i-t i-l y a l-a P-a-ill-a-ss-e qu-i é-l-è-v-e l-e m-a-t-e-l-a*t*. 93 L-a p-a-ill-a-ss-e es*t* o-r-d-i-n-ai-r-e-m-en*t* g-a-r-n-i-e d-e p-a-ill-e d-e m-a-ï-s ou g-r-os b-l-é. 94 L-e M-a-t-e-l-a*s* es*t* d-e l-ai-n-e c-a-r-d-é-e, r-e-t-e-n-u-e d-an*s* d-e l-a t-oi-l-e. 95 L-e C-ou-ss-in é-l-è-v-e un p-eu l-a t-ê-t-e. 96 L-es D-r-a*ps* et l-es C-ou-v-e-r-t-u-r-es n-ou*s* f-on*t* u-n-e c-ou-ch-e p-r-o-p-r-e et ch-au-d-e. 97 Qu-e-l-qu-e-f-oi*s* d-es R-i-d-e-au*x* en-t-ou-r-e*nt* l-e l-i*t*. 98 N-e f-e-r-m-ez p-a*s* l-es r-i-d-e-au*x* : l-a n-u-i*t* on a b-e-s-o-in d'ai-r c-o-mm-e le j-ou-r. 99 L-o-r-s-qu'on t-i-en*t* l-es p-l-a-f-on*ds* p-r-o-p-r-es et l-es c-r-oi-s-é-es f-e-r-m-é-es l-a n-u-i-*t*, l-es r-i-d-e-au*x* s-on*t* i-n-u-t-i-l-e*s*. 100 L-a c-o-mm-o-d-e s-e-r*t* à a-rr-an-g-er l-e l-in-g-e. 101 D-an*s* l-e G-a-r-d-e-h-a-b-i*t* on m-et l-es v-ê-t-e-m-en*ts* et l-e g-r-o*s* l-in-g-e. 102 D-an*s* l-a G-l-a-c-e on r-e-g-a-r-d-e s-i on es*t* p-r-o-p-r-e et r-an-g-é c-on-v-e-n-a-b-l-e-m-en*t*. 103 L-es Ch-ai-s-e*s* s-e-r-v-e*nt* à s'a-ss-e-oi-r et à s-e r-e-p-o-s-er p-en-d-an*t* l-e j-ou-r. 104 D-o-nn-ez d-e l'ai-r à v-o-t-r-e ch-am-b-r-e l-e m-a-t-in et f-e-r-m-ez à l-a t-om-b-é-e d-e l-a n-u-i-t. 105 S-i on l-ai-ss-e ou-v-e-r*t* l-a n-u-i*t*, l-es in-s-e-c-t-es en-t-r-e*nt* et l-es c-ou-r-an*ts* d'-ai-r p-eu-v-e*nt* r-en-d-r-e m-a-l-a-d-e. 106 I-l v-au*t* m-i-eu*x* ê-t-r-e en p-l-e-in ai-r qu'en-t-r-e d-es c-ou-r-an*ts* d'ai-r. 107 D-an*s* l-a s-a-ll-e à m-an-g-er i-l y a p-l-us ou m-o-in*s* d-e m-eu-b-l-es s-e-l-on l-a f-o-r-t-u-n-e. 108 D-an*s* la C-u-i-s-i-n-e s-on*t* l-es u-s-t-en-s-i-l-es d-e m-é-n-a-g-e. 109 L-es P-l-a-c-a-r*ds*, l-es B-u-ff-ets et l-es E-t-a-g-è-r-es s-e-r-v-e*nt* à r-an-g-er t-ou*t* en o-r-d-r-e. 110 L-es s-e-au*x* et l-es c-r-u-ch-es c-on-s-e-r-v-ent l'e-au p-r-o-p-r-e. 111 L-es e-aux s-a-l-es s-e m-e-tt-ent d-ans l-a S-e-ill-e ou l-e B-a-qu-et. 112 L-es é-t-a-g-è-r-es et l'E-g-ou-t-oi-r-e s-ont g-a-r-n-is d'A-ss-i-e-tt-es, d-e P-l-ats, d-e P-ots, etc. 113 S-ous l-a Ch-e-m-i-n-é-e i-l y a l-e P-o-t-a-g-er où l'on f-ait c-u-i-r-e l-es a-l-i-m-ents. 114 C'est a-v-e-c l-e Ch-a-r-b-on d-e b-ois qu'on ch-au-ff-e l-e p-o-t-a-g-er. 115 Au m-i-l-i-eu d-e l-a ch-e-m-i-n-é-e est l'A-t-r-e où l'on b-r-û-l-e l-e b-ois s-e-c. 116 L-a C-r-é-m-a-ill-è-r-e s-u-s-p-en*d* l-a **M**-a-r-m-i-t-e s-u-r l-a **F**-l-a-mm-e. **117** **L**-e **P**-o-è-l-e d-e f-on-t-e s-e-r*t* p-ou-r l'h-i-v-e-r, on y b-r-û-l-e d-e l-a **H**-ou-ill-e. **118** **N**-e v-ous a-pp-r-o-ch-ez p-a*s* t-r-o*p* d-u **F**-eu, i-l b-r-û-l-e. **119** **N**-e v-ous a-m-u-s-ez j-a-m-ai*s* a-v-e-c l-e f-eu. **120** **U**-n-e im-p-r-u-d-en-c-e p-eu*t* c-au-s-er d-e g-r-an*ds* m-a-l-h-eu-r*s* en a-ll-u-m-an*t* un in-c-en-d-i-e.

T-R-OI-S-I-È-M-E S-É-R-I-E.

1. L'h-o-mm-e p-ou-r v-i-v-r-e r-es-p-i-r-e, a-g-it, m-an-g-e, b-oit, t-r-a-v-a-ill-e, s-e r-e-p-o-s-e et d-o-rt. 2 L-e b-on ai-r f-ait l-a s-an-t-é. 3 L'h-o-mm-e d-ans l-es V-i-ll-es r-e-s-p-i-r-e un ai-r c-o-rr-om-p-u, au-ss-i i-l y s-ou-ff-r-e b-i-en d-es m-aux. 4 L'h-o-mm-e d-ans l-es Ch-amps r-e-s-p-i-r-e o-r-d-i-n-ai-r-e-m-ent un b-on ai-r et s-e p-o-r-t-e b-i-en. 5 L-e c-o-rps d-e l'h-o-mm-e est f-ait p-ou-r a-g-i-r. 6 L'i-n-a-c-t-i-on en-g-ou-r-d-it, r-end m-ou, f-ai-b-l-e et i-n-u-t-i-l-e à s-oi et aux au-t-r-es. 7 L'a-c-t-i-on f-ait c-i-r-c-u-l-er l-e s-ang et a-ss-ai-n-it t-out l-e c-o-rps. 8 S-i l'h-o-mm-e r-e-s-t-e oi-s-i-f, i-l n-e t-a-r-d-e p-as à ê-t-r-e t-ou-r-m-en-t-é p-a-r l'en-n-u-i. 9 A-g-i-ss-ez en p-l-e-in ai-r a-f-in qu-e v-o-t-r-e s-ang s-e f-o-r-m-e m-i-eux. 10 L-o-r-s-qu-e v-ous ê-t-es en s-u-eu-r c-on-t-i-n-u-ez à a-g-i-r. 11 S-i v-ous v-ous a-rr-ê-t-ez ch-an-g-ez l-es v-ê-t-e-m-ents m-ou-ill-és d-e s-u-eu-r. 12 L-es r-e-f-r-oi-d-i-ss-e-m-ents et l-es t-r-an-s-p-i-r-a-t-i-ons a-rr-ê-t-é-es c-au-s-ent b-i-en d-es m-a-l-a-d-i-es. 13 L-e c-o-rps p-a-r l-a v-i-e et l'a-c-t-i-on p-e-rd s-es f-o-r-c-es, i-l f-aut l-es r-é-p-a-r-er p-a-r l-a n-ou-rr-i-t-u-r-e. 14 M-an-g-ez l-o-r-s-qu-e l'a-pp-é-t-it est v-e-n-u. 15 M-an-g-ez au-t-ant qu-e p-o-ss-i-b-l-e à d-es h-eu-r-es r-é-g-l-é-es. 16 M-an-g-ez a-ss-ez m-ais j-a-m-ais t-r-op. 17 N-e m-an-g-ez p-as p-ar g-ou-r-m-an-d-i-s-e m-ais p-ou-r v-ous n-ou-rr-i-r. 18 L-o-r-s-qu-e v-ous t-r-a-v-a-ill-ez d-e f-o-r-c-e m-an-g-ez d-a-v-an-t-a-g-e. 19 L-o-r-s-qu-e v-ous f-ai-t-es p-eu d-e m-ou-v-e-m-ents m-an-g-ez m-o-ins. 20 L-es a-l-i-m-ents s-ains s-ont p-r-é-f-é-r-a-b-l-es aux a-l-i-m-ents f-ins. 21

L-a b-oi-ss-on est u-t-i-l-e à l-a d-i-g-e-s-t-i-on b-u-v-ez en m-an-g-e-ant. 22 E-v-i-t-ez l-a g-ou-r-m-an-d-i-s-e et ay-ez h-o-rr-eu-r d-e l'i-v-r-o-gn-e-r-i-e. 23 R-e-s-t-ez en r-e-p-os d-ans l-es p-r-e-m-i-ers m-o-m-ents d-e l-a d-i-g-e-s-t-i-on. 24 Un qu-a-rt d'h-eu-r-e a-p-r-ès l-e r-e-p-as f-ai-t-es d-e l'e-x-e-r-c-i-c-e. 25 L-e t-r-a-v-a-il est u-n-e b-o-nn-e ch-o-s-e. 26 L-e t-r-a-v-a-il ch-a-ss-e l'en-n-u-i et a-m-è-n-e l'a-b-on-d-an-c-e. 27 T-r-a-v-a-ill-ez a-v-e-c a-tt-en-t-i-on et g-oût. 28 R-en-d-ez v-o-t-r-e t-r-a-v-a-il a-g-r-é-a-b-l-e p-a-r l-a g-ai-e-t-é et l-a b-o-nn-e v-o-l-on-t-é. **29 P**-r-e-n-ez d-u r-e-p-os qu-and v-ous ê-t-es f-a-t-i-gu-é, m-ais n-e l-e p-r-o-l-on-g-ez p-as t-r-op. **30 L**-a p-a-r-e-ss-e est un v-i-l-ain d-é-f-aut p-ou-r l-e-qu-e-l n-ous n'a-v-ons qu-e t-r-op d-e p-en-ch-ant. **31 D**-o-r-m-ez l-a n-u-it et n-on l-e j-ou-r. **32 N**-e d-o-r-m-ez j-a-m-ais p-l-us d-e s-ept ou h-u-it h-eu-r-es. **33 L**'h-o-mm-e est o-m-n-i-v-o-r-e, i-l m-an-g-e d-e t-ou-t-es s-o-r-t-es d'a-l-i-m-ents. **34 I**-l m-an-g-e l-a ch-ai-r d-u b-œu-f, d-e l-a v-a-ch-e, d-u v-é-au. 35 I-l m-an-g-e d-u m-ou-t-on, d-u p-o-r-c, d-u l-a-p-in. 36 I-l m-an-g-e l-e c-o-q, l-a p-ou-l-e, l-e p-ou-l-et, l-e d-in-d-on, l-e c-a-n-a-rd, l'oi-e. 37 I-l m-an-g-e d-u g-i-b-i-er et d-u p-oi-ss-on. 38 I-l m-an-g-e d-es f-r-u-i-ts, d-u f-r-o-m-a-g-e et d-es l-é-g-u-m-es. 39 L'h-o-mm-e p-r-e-ss-é p-a-r l-a f-aim a m-an-g-é j-u-s-qu'à d-es os p-i-l-és, j-u-s-qu'au c-u-i-r d-e s-es s-ou-l-i-ers. 40 En Eu-r-o-p-e a-v-e-c l-es au-t-r-es a-l-i-m-ents n-ous m-an-g-e-ons d-u p-ain. **41** L-e p-ain s-e f-ait a-v-e-c l-a f-a-r-i-n-e d-es c-é-r-é-a-l-es. **42** L-e b-l-é ou f-r-o-m-ent, l-e s-ei-g-l-e, l'o-r-g-e, l'a-v-oi-n-e, l-e s-a-rr-a-s-in, l-e m-a-ï-s, l-e r-iz s-ont d-es c-é-r-é-a-l-es. **43** P-ou-r f-ai-r-e l-e p-ain on p-é-t-r-it l-a f-a-r-i-n-e a-v-e-c d-e l'e-au et d-u l-e-v-ain. **44** L-e l-e-v-ain est d-e l-a p-â-t-e f-e-r-m-en-t-é-e qu-i c-o-mm-u-n-i-qu-e l-a f-e-r-m-en-t-a-t-i-on. **45** L-o-r-s-qu-e l-a p-â-t-e a f-e-r-m-en-t-é ou l-e-v-é on l-a m-et au f-ou-r. **46** En s-o-r-t-ant d-u f-ou-r l-e p-ain est c-u-it et p-r-êt à m-an-g-er. **47** C'est l-e B-ou-l-an-g-er qu-i f-ait l-e p-ain. **48** L-a f-a-r-i-n-e s-e f-ait au m-ou-l-in d-u M-eu-n-i-er. **49** L-a m-eu-l-e é-c-r-a-s-e l-e g-r-ain et l-e b-l-u-t-oi-r-e s-é-p-a-r-e l-e s-on d-e l-a f-a-r-i-n-e. **50** L-e s-on est l'é-c-o-r-c-e d-u b-l-é, l-es a-n-i-m-aux l-e m-an-g-ent. **51** L-a p-o-mm-e d-e t-e-rr-e est l-e p-ain d-u p-au-v-r-e. **52** C-e p-r-é-c-i-eux l-é-g-u-m-e n-ous est v-e-n-u de l'A-m-é-r-i-qu-e. **53** L-e B-ou-ch-er t-u-e et d-é-p-è-c-e l-a v-i-an-d-e. **54** L-e

Ch-a-r-c-u-t-i-er a-rr-an-g-e l-a v-i-an-d-e d-u c-o-ch-on. 55 L-e V-o-l-a-ill-er n-ous v-end l-a v-o-l-a-ill-e et l-e g-i-b-i-er. 56 L-a l-ai-t-i-è-r-e a-pp-o-r-t-e l-e l-ait, l-e b-eu-rr-e, l-e f-r-o-m-a-g-e. 57 L-a m-a-r-ai-ch-è-r-e n-ous a-pp-r-o-v-i-s-i-o-nn-e d-e f-r-u-its, d-e l-é-g-u-m-es et d-e p-l-an-t-es p-o-t-a-g-è-r-es. 58 L-e l-ait s-e t-i-r-e d-es m-a-m-e-ll-es d-es a-n-i-m-aux f-e-m-e-ll-es. 59 L-e b-eu-rr-e s-e s-é-p-a-r-e d-u l-ait en l-e b-a-tt-ant a-ss-ez l-ong-t-emps. 60 L-e f-r-o-m-a-g-e est d-u l-ait c-a-ill-é p-a-r d-e l-a p-r-é-s-u-r-e p-uis é-g-ou-tt-é. **61** L-es c-e-r-i-s-es, l-es g-r-o-s-e-ill-es, l-es a-b-r-i-c-ots, l-es p-oi-r-es, l-es p-o-mm-es, l-es p-ê-ch-es, l-es r-ai-s-ins s-ont d-es f-r-u-its. **62** L-es h-a-r-i-c-ots, l-es p-ois, l-es f-è-v-es s-ont d-es l-é-g-u-m-es. **63** L-es ch-oux, l-es r-a-v-es, l-es s-c-o-r-s-o-n-è-r-es, l-es b-l-e-tt-es, l-es c-a-r-d-ons, l-es a-r-t-i-ch-auts, s-ont d-es p-l-an-t-es p-o-t-a-g-è-r-es. **64** B-e-au-c-oup d'a-l-i-m-ents s-e c-u-i-s-ent a-v-ant d-e s-e m-an-g-er. **65** L-a c-u-i-ss-on r-end l-es a-l-i-m-ents p-l-us d-i-g-e-s-t-i-b-l-es. 66 L-a v-i-an-d-e c-u-i-t-e d-ans l'e-au est d-u b-ou-ill-i. 67 C-u-i-t-e d-ans s-on j-us ou a-v-e-c d-u b-eu-rr-e l-a v-i-an-de est d-u r-ô-t-i. 68 On f-ait d-es s-au-c-es p-ou-r a-ss-ai-s-o-nn-er l-es a-l-i-m-ents. 69 D-ans l-es s-au-c-es en-t-r-ent l-e s-e-l, l-e p-oi-v-r-e, l'o-gn-on, l'a-il, l-e p-er-s-il, etc. 70 L-a l-ai-t-u-e, l-a ch-i-c-o-r-é-e, l-e c-é-l-e-r-i, l-e c-e-r-f-eu-il, l-a d-ent-d-e-l-i-on, s-e m-e-tt-ent e-n s-a-l-a-d-e. 71 L-a s-a-l-a-d-e s-e f-ait a-v-e-c l'h-u-i-l-e, l-e v-i-n-ai-g-r-e, l-e p-oi-v-r-e et l-e s-e-l. **72** L-e s-e-l s'o-b-t-i-ent en v-a-p-o-r-i-s-ant l'e-au d-e m-e-r qu-i l-e t-i-ent en s-o-l-u-t-i-on. **73** On t-r-ou-v-e au-ss-i d-ans l-a t-e-rr-e d-u s-e-l t-out p-r-êt à ê-t-r-e em-p-l-oy-é. **74** L-e s-e-l est b-i-en-f-ai-s-ant, i-l a-ss-ai-n-it l-e c-o-rps. **75** L-e p-oi-v-r-e est l-a g-r-ai-n-e d'un a-r-b-r-i-ss-e-au. **76** L'o-gn-on, l'a-il, l-e p-e-r-s-il s-ont d-es p-l-an-t-es. **77** L'h-u-i-l-e est u-n-e l-i-qu-eu-r qu'on o-b-t-i-ent en p-r-e-ss-ant c-e-r-t-ains f-r-u-i-ts et c-e-r-t-ai-n-es g-r-ai-n-es.

78 L-es a-m-an-d-es, l-es n-oix, l-es n-oi-s-e-tt-es, l-es o-l-i-v-es, s-e-r-v-ent à f-ai-r-e d-e l'h-u-i-l-e. 79 L-es g-r-ai-n-es d-e c-o-l-z-a, d-e ch-an-v-r-e, d'œ-ill-e-tt-e, d'o-l-i-v-e-tt-e, d-o-nn-ent d-e l'h-u-i-l-e. 80 L-e v-in-ai-g-r-e est d-u v-in ai-g-r-i p-a-r l-a f-e-r-m-en-t-a-t-i-on a-c-i-d-e. 81 L-e v-in est u-n-e d-es m-e-ill-eu-r-es b-oi-ss-ons. 82 I-l s-e f-ait a-v-e-c l-e j-us d-u r-ai-s-in. 83 A-p-r-ès l-a v-en-d-an-g-e l-e r-ai-s-in m-i-é-c-r-a-s-é f-ait d-u m-oût. 84 L-e m-oût m-is d-ans u-n-e c-u-v-e

f-e-r-m-en-t-e ou b-out. 85 A-p-r-ès qu-e-l-qu-es j-ou-rs l-e v-in est f-ait et s-e m-et en b-a-r-e-ill-e. 86 N-e b-u-v-ez p-as l-e v-in p-u-r i-l est t-r-op f-o-rt. 87 L-e v-in s-ans e-au f-ait p-l-us d-e m-a-l qu-e d-e b-i-en. 88 L-e c-i-d-r-e et l-a b-i-è-r-e s-ont d-es b-oi-ss-ons qu-i r-em-p-l-a-c-ent l-e v-in d-ans l-e N-o-r-d. 89 L-e c-i-d-r-e est f-ait a-v-e-c d-es p-o-mm-es. 90 L-a b-i-è-r-e s-e f-ait a-v-e-c d-e l'o-r-g-e et d-u h-ou-b-lon.

LIVRET DE LECTURE.

a seul fait **a**.
a et i font **ai**.
a, i et n font **ain**.
a et m font **am** { b / p }
a et n font **an**
a et u font **au**
a et y font **ay**.
b seul ou redoublé fait **b**.
c seul ou redoublé fait **c**.
c devant e, i, y, fait **c** { e / i / y }
ç cédillé fait **ç**.
c et h font **ch**.

d seul ou redoublé fait **d**.
e sans accent est ordinairement sourd **e**.
e sans accent est quelquefois fort **e**.
é accentué est toujours fort **é**.
e et i font **ei**.
e et m font **em** { b / p }
e et n font ordinairement **en**.
e et n font souvent **en** après i : **ien**.
e et r font **er** ou **e-r**.
e et s font **es**.
e et t font **et**.
e et u font **eu**.

e et z font **ez.**
f seule ou redoublée fait **f.**
g seul ou redoublé fait **g.**
g devant e, i, y, fait **g** { e i y }
g et n font **gn.**
g et u font **gu.**
h seule fait **h.**
i seul fait **i.**
i et ll font **i-ll** ou **ill.**
i et m font **im** { b p }
i et n font **in.**
j fait **j.**
k fait **k.**

l seule ou redoublée fait **l.**
m seule ou redoublée fait **m.**
n seule ou redoublée fait **n.**
o seul fait **o.**
o et i font **oi.**
o et m font **om** { b p }
o et n ont **on.**
o et u font **ou.**
o et y font **oy.**
p seul ou redoublé fait **p.**
p et h font **ph.**
q seul fait **q.**
q et u font **qu.**

r seule ou redoublée fait **r.**

s seule ou redoublée fait **s.**

s entre les lettres a, e, i, o, u, y, fait $\begin{Bmatrix}a\\e\\i\\o\\u\\y\end{Bmatrix}$ s $\begin{Bmatrix}a\\e\\i\\o\\u\\y\end{Bmatrix}$

t seul ou redoublé fait **t.**

t devant i fait souvent **t : ti.**

u seul fait **u.**

u et m font **um** $\begin{Bmatrix}b\\p\end{Bmatrix}$

u et n font **un.**

v fait **v.**

x fait **x.**

y seul fait **y.**

y et m font **ym** $\begin{Bmatrix}b\\p\end{Bmatrix}$

y et n font **yn.**

z seul fait **z.**

En liaison.

d fait **t.**

f fait **v.**

s fait **z.**

x fait **z.**

Les lettres finales qui le plus souvent ne se prononcent qu'en liaison sont :

d - fs - g - gt - gts - nt - p - ps - s - t - ts - x.

Lyon. Imp. de Tн. Lépagnez, petite rue de Cuire, 10, à la Croix-Rousse.

www.ingramcontent.com/pod-product-compliance
Lightning Source LLC
Chambersburg PA
CBHW060936050426
42453CB00009B/1040